AF320766

LE DR XAVIER STACKLER.

STRASBOURG, IMPRIMERIE DE G. SILBERMANN.

LE DR XAVIER STACKLER.

Nous répondons à la fois à de nombreuses demandes et à un besoin de notre cœur, en réunissant en une seule publication les paroles si touchantes et si dignes de M. de Jancigny, sous-préfet de Mulhouse, insérées dans *L'Industriel de Mulhouse* le lendemain de la mort de notre cher et regretté confrère, et la notice que nous lui avons consacrée dans la dernière séance de la *Société médicale du Haut-Rhin.*

Puisse cet hommage rendu à une mémoire si chère adoucir les amers regrets que cause le vide qu'il laisse et perpétuer le souvenir de ce médecin philanthrope.

Dr SALATHÉ.

DISCOURS DE M. DE JANCIGNY,

SOUS-PRÉFET DE MULHOUSE.

« Il y a deux jours, dans une pauvre église de village, une foule d'hommes de toutes conditions venaient confondre sur la tombe d'un ami leurs derniers regrets et leurs dernières prières.

« Ce n'était pas un grand de la terre ; ce n'était pas un de ces favoris de la fortune qui récoltent dans l'insouciance et dans l'orgueil la moisson que leurs pères ont laborieusement semée. Fils de ses œuvres, élevé à la rude école d'une de ces races de campagne dont le travail et l'honneur sont la grande richesse, Xavier Stackler ne devait ce qu'il était devenu qu'aux vigoureux principes puisés dans sa famille, à sa foi profonde, à son labeur opiniâtre.

« Je n'écris pas sa vie : d'autres qui l'ont connu plus longtemps se chargeront de ce soin. J'ai voulu seulement qu'une parole amie descendît sur ce cercueil où viennent de s'éteindre les qualités d'une si rare intelligence, les instincts d'un cœur si généreux.

« Le nom du docteur Stackler était à Mulhouse le synonyme de la droiture et de la bonté. Il avait trouvé le secret d'ennoblir encore, par la manière dont il l'exerçait, sa noble profession. Au pauvre comme au riche, il ouvrait les trésors de son activité, de son dévouement, de sa remarquable sagacité. Jamais un appel ne l'a trouvé sourd : notre classe ouvrière le sait bien ; elle sait ce qu'elle perd en lui ; elle sait combien de fois, dans un pauvre ménage, Stackler a oublié les honoraires du médecin pour y laisser les marques de sa bienfaisance.

« Mêlé aux affaires publiques, il y a constamment apporté un sens droit, une indépendance entière et cet esprit d'observation qui était l'un des traits distinctifs de son caractère. Toujours respectées, parce qu'elles respectaient toutes les convictions sincères, ses opinions comme ses croyances ne lui ont pas fait un ennemi ; elles étaient marquées au coin de la tolérance et de la charité, ces deux grandes vertus qui devraient être si faciles et si bien pratiquées entre Français et entre chrétiens !

« Mais Dieu lui avait compté les jours : sa vie si pleine d'avenir était atteinte dans ses sources par une de ces inexorables maladies dont sa laborieuse ardeur précipitait encore le terme. Seul, dès le principe, il a senti le mal, il a prévu la fin. Sa sérénité et son courage n'en ont pas été troublés. Jusqu'à la dernière heure, lui, frappé mortellement, lui qui le savait, lui qui endurait d'atroces douleurs, il a visité ses malades, il a entouré de sa sollicitude leurs plus légères souffrances ; il est resté sur son champ de bataille, sans illusion, sans défaillance.

« Quand les inquiétudes des siens l'eurent décidé à demander à la science ses suprêmes ressources, il partit pour Strasbourg, le cœur déchiré, laissant loin de lui ses deux petits enfants que ses mains bénissaient. Environné des soins de sa digne compagne, de ceux d'une famille qui, par son affection et son dévouement, est devenue sa propre famille, il retrouva à Strasbourg ses anciens maîtres qui tous étaient ses amis. Ni leur affection ni leur talent ne pouvaient le sauver !

« Ce qu'il a éprouvé dans les derniers jours, nul ne le

sait que lui. Maître de lui-même et commandant à la douleur, il avait la force de penser aux autres; il se préoccupait de leur santé, de leur bonheur. Au digne confrère qui ne l'a pas quitté d'un instant , peu d'heures avant sa mort, il disait : «Mon ami, aimons nos malades ! Nous ne saurions assez les aimer ; je sais bien aujourd'hui ce que c'est que la souffrance ! » La pensée de Stackler est toute dans cette parole ; c'est le reflet de sa belle âme.

« Un peu auparavant, il disait à sa belle-sœur, dont le mari, officier supérieur, combat à l'armée d'Italie : « Ne t'inquiète pas, il te reviendra sain et sauf ; il me semble que j'ai racheté sa vie ; ma douleur et ma mort peuvent servir pour deux. » Nous savons ce qu'était l'homme ; il semble qu'après nous avoir appris à vivre, il ait voulu nous apprendre à mourir.

«C'est plus que le magistrat, c'est l'ami sincère qui adresse ce dernier hommage à son ami. Puisse-t-il adoucir un chagrin qui a trouvé son écho au cœur de tous.

«Alfred de Jancigny, *sous-préfet de Mulhouse.*»

NOTICE NÉCROLOGIQUE

lue, le 16 octobre 1859, à la Société médicale du Haut-Rhin.

———◆◆◆◆◆———

« Notre excellent confrère le docteur STACKLER a succombé le 5 juin dernier à Strasbourg, après de cruelles souffrances, dont l'issue n'était que trop prévue depuis bien longtemps.

« Il a été enlevé à l'amour de sa famille, à l'affection de ses nombreux amis et clients, dans toute la maturité de son âge, alors que l'avenir semblait lui réserver encore de longues années de bonheur et de succès.

« Les témoignages de vif intérêt qui se sont manifestés dans le public, pendant la durée de sa maladie, les regrets sincères et unanimes qui ont éclaté au moment de sa mort, ont mis en évidence la haute considération qu'il s'était acquise.

« Sa perte n'a pas été moins vivement sentie par tous les médecins qui, de près et de loin, se trouvaient en relations avec lui et dont presque tous lui étaient attachés par les liens d'une bonne et franche amitié.

« La Société médicale du Haut-Rhin s'est associée de cœur à ce deuil général, qui la touche d'une manière si directe, et qui la prive d'un de ses plus dignes représentants, d'un de ses membres les plus justement honorés.

« XAVIER STACKLER naquit à Battenheim le 2 juillet 1817; il fit ses études au collége de Colmar et les acheva au lycée de Strasbourg, où il suivit plus tard les cours de la faculté de médecine; il s'y fit remarquer par d'heureuses dispositions, et par de solides et brillantes études.

« Le grade de docteur en médecine lui fut conféré après la soutenance de sa thèse inaugurale le 5 juillet 1841.

« Vous me permettrez, Messieurs, de vous communiquer un passage de ce travail, où se révélaient déjà les principes sévères et purs du praticien consciencieux :

« Tous les jours, dit-il, on attribue à un remède la « guérison d'une maladie qui n'existe pas, ou si la ma-« ladie existe, on attribue au remède l'honneur de la « guérison opérée par la nature ; bien plus, n'a-t-on pas « vu des observateurs enthousiastes, ne pas discerner les « cas où la nature a guéri, lors même que les remèdes, « loin d'être utiles avaient entravé ses efforts. Ces erreurs « que l'on doit attribuer d'une part, à l'imperfection du « diagnostic, à l'ignorance de la marche, de la durée et de « la terminaison des maladies, d'autre part à la mauvaise « foi et aux systèmes funestes dont l'art fut trop longtemps. « l'esclave, peuvent être considérés comme le fléau de la « médecine pratique. Souvent la médecine consciencieuse, « plaçant en regard de cette thérapeutique aveugle le po-« sitivisme du diagnostic et les résultats de la méthode « d'expectation, lui a porté les plus rudes coups. »

« M. le docteur Stackler quitta la faculté de Strasbourg pour aller perfectionner ses études à Paris. Les grandes ressources que lui offraient les hôpitaux, et l'instruction qu'il puisa aux leçons des grands maîtres étendirent l'horizon de son savoir. D'heureuses liaisons qu'il contracta pendant son séjour dans la capitale, lui donnèrent accès dans une société choisie, et le familiarisèrent avec les habitudes et l'esprit du monde.

« Il vint s'établir à Mulhouse à la fin de l'année 1842.

« Ses debuts furent des plus heureux ; après quelques années d'exercice il s'était déjà créé un champ d'activité très-étendu. Cette position, amenée en partie par un heureux concours de circonstances, il avait su la fortifier surtout par une réunion bien rare de nombreuses qualités de l'esprit et du cœur.

« Au lit du malade il se distinguait par la rectitude de son jugement et par la promptitude de son coup d'œil. Il s'y montrait simple et affectueux, attentif aux moindres plaintes du malade, le gourmandant parfois avec douceur, et l'encourageant toujours avec bonté.

« Sachant combiner les ressources d'une thérapeutique habile, avec les inspirations fécondes que lui dictait son cœur essentiellement charitable et aimant, il conservait le calme et le sang-froid dans les cas les plus alarmants.

« Plusieurs fois il pratiqua à la campagne, même sans l'assistance éclairée de quelque autre médecin, des opérations difficiles, le danger que courait le malade ne lui permettant pas d'attendre l'arrivée d'un confrère. C'est ainsi qu'il fit avec succès des opérations de hernie et de trachéotomie, et des ligatures d'artères profondes.

« Notre confrère se prodiguait tout entier et avec une ponctualité rigoureuse, aux devoirs quotidiens sans cesse renaissants de la vie du praticien. Son activité sous ce rapport était tout à fait extraordinaire.

« Souvent il lui arriva de passer des nuits entières chez quelque malade éloigné, et le lendemain il se retrouvait à sa visite d'hôpital, à ses consultations, chez ses clients de la ville, sans qu'il se plaignît de cet excès de fatigue, et sans que l'égalité de son humeur en fût altérée.

« Le fréquent retour d'un travail démesuré a peut-être hâté en lui le développement du mal auquel il vient de succomber.

« Dévoué et charitable dans l'exercice de son art il con-

fondait dans une sollicitude égale les pauvres et les riches ;
tout être souffrant avait droit à ses soins les plus consciencieux.

« STACKLER possédait, à un haut degré, la faculté si précieuse de consoler son malade. Dans les affections chro-
niques, où l'art est souvent si impuissant et les exigences
si impérieuses, il réussissait presque toujours à faire
prendre patience au malade et à lui inspirer l'espoir de
sa guérison. Quelquefois un bon mot, une fine plaisante-
rie amenée à propos eurent le meilleur succès.

« Il luttait avec énergie et avec foi contre les maladies
réputées incurables, et, à force de science et de ténacité,
il obtint quelquefois des guérisons inespérées.

« Doué d'une affabilité inaltérable et d'une bonté toujours
franche et cordiale, le docteur STACKLER sut gagner l'affection aussi bien que la confiance de la plupart de ses clients.

« Sans doute il connut aussi, comme nous tous, les
inquiétudes, les déceptions de notre profession, et la
triste amertume causée par l'ingratitude ; il s'en consolait
par la ferme conviction d'avoir rempli son devoir avec
conscience et dévouement.

« Osbervateur judicieux, il savait, dans ses relations
avec le monde, se mettre en équilibre avec le milieu qui
l'entourait, et se rendre populaire dans les classes les plus
opposées de la société.

« A un savoir incontestable il joignait une extrême dé-
licatesse de procédés et la plus parfaite loyauté.

« Ces principes le guidaient également dans les fréquents
rapports qu'il entretenait avec ses confrères. Je n'ai pas
besoin de vous dire ce qu'il fut à l'égard de chacun de
nous, et avec quelle exactitude rigoureuse il se conformait
aux obligations de la déontologie médicale.

« Le docteur Stackler s'était attaché avec amour à
l'exercice de sa profession; il affectionnait particulière-
ment aussi les échanges réciproques d'idées et de faits relatifs à l'art et à la science; s'il montrait dans la discus-
sion une certaine énergie pour défendre ses convictions,
il était bien éloigné cependant de les soutenir avec une
obstination systématique. Dans ses relations profession-
nelles et scientifiques il montrait toujours l'esprit le plus
droit et le plus conciliant.

« Ce besoin d'entretiens intimes et confraternels s'était
accru encore dans les derniers temps de sa vie, à l'époque
où sa maladie lui faisait déjà sentir ses cruelles étreintes.
Il aimait à épancher ses sentiments et ses idées dans la
société de quelques amis qu'il réunissait auprès de lui.
Les souffrances, les appréhensions d'une fin prochaine
avaient rehaussé encore les excellentes qualités de son caractère. Il semblait planer au-dessus des préoccupations
ordinaires de la vie; pour lui désormais la santé était la
seule chose précieuse ici-bas. Je me souviendrai toujours
du charme étrange, mêlé de tristesse, qu'on éprouvait
dans ces dernières réunions, où notre ami ne nous ap-
partenait déjà plus entièrement !

« Pendant sa maladie et lorsque déjà ses forces ne lui
permettaient plus de sortir, ou de braver aucune fatigue,
on venait encore l'assaillir dans son cabinet pour réclamer
ses conseils. On lui demandait quelquefois l'impossible ;
aussi comme il déplorait alors son impuissance et la triste
obligation dans laquelle il se trouvait de renvoyer sans
pouvoir leur être utile, les personnes qui venaient à lui !
Néanmoins, quand ses douleurs lui laissaient quelque ré-
pit, ces consultations étaient pour lui une douce distrac-
tion, il oubliait alors un instant ses préoccupations per-
sonnelles, pour être tout entier à sa profession.

« Si seulement, me disait-il quelquefois, j'obtenais encore du ciel la moitié d'une bonne santé, comme je lui en serais reconnaissant ; sans autre ambition, sans autre désir que d'être utile à quelques malades, je me consacrerais surtout au bonheur de mon intérieur et à l'éducation de mes enfants. Ces aspirations, hélas, ne devaient pas se réaliser !

« Le docteur STACKLER fut reçu de la Société médicale du Haut-Rhin au mois d'avril 1843, il en devint un des membres les plus assidus.

« Avec des tendances essentiellement pratiques, il s'était toujours tenu au courant de tout ce qui intéressait le diagnostic et le traitement des maladies ; si les études spéculatives lui offraient un attrait secondaire, il n'en suivait pas moins les progrès de la science et les discussions des corps savants, dont il discernait toujours avec justesse le fort et le faible.

« Nous ne possédons de lui qu'un petit nombre d'observations écrites, il se plaisait surtout à nous faire des communications verbales, choisies dans les cas intéressants qui s'étaient présentés dans sa nombreuse clientèle. Il faisait avec une franchise entière la part de ses succès et de ses mécomptes.

« Si les observations médicales, ainsi reproduites de mémoire sous la forme de l'improvisation, sont généralement incomplètes et peu susceptibles d'une analyse scientifique rigoureuse, celles de notre confrère permettaient néanmoins de faire apprécier les qualités solides de son esprit d'investigation et toute l'étendue de ses ressources pratiques.

« Parmi ces faits pratiques les plus importants, dont il nous a donné connaissance, je me bornerai à vous rappeler ceux relatifs à l'efficacité de la pommade au nitrate d'argent dans les phlegmasies glandulaires, les adénites et les arthrites ; puis les heureux résultats des affusions froides répétées dans les méningites et l'hydrocéphale aiguë, et de ces mêmes affusions combinées avec les lotions froides, pratiquées avec succès dans une épidémie de fièvre typhoïde observée à l'hôpital de Mulhouse.

« Je vous parlerai encore de cette autre épidémie grave qui a sévi sur les soldats de la garnison de notre ville, de cette fièvre pétéchiale qui avait été importée par des militaires après la guerre d'Orient, et dont il fit la description devant nous.

« En apportant à nos séances le tribut de son expérience, il fournissait matière à des discussions très-intéressantes et nourries.

« Après la séance officielle, quand le tour des causeries était venu, vous savez, Messieurs, combien il aimait à retremper sa bonne humeur et sa verve dans cette réunion d'amis et d'anciens condisciples ; vous savez aussi combien il contribuait à l'animation générale par les ressources de son heureuse et sympathique nature. Il était tour à tour sérieux, enjoué et spirituel, d'une franchise toute naïve et d'une originalité pleine de charme.

« La maladie dont STACKLER était atteint, consistait en une tumeur fibreuse du rectum. Le développement progressif de cette tumeur avait amené au bout de huit mois l'oblitération presque complète de l'intestin. Le passage des matières étant devenu impossible, et la nutrition ne pouvant plus se faire, notre confrère se décida à aller à Strasbourg pour s'y soumettre aux ressources extrêmes de la chirurgie. On essaya de frayer une voie aux matières alimentaires, et on y réussit ; mais bientôt après la végétation envahit de nouveau la lumière intestinale, et enleva ainsi le bénéfice de ces douloureuses tentatives. Enfin, dans les derniers jours, on avait ouvert à l'aine gauche une tumeur formée par le développement du bout supérieur de l'intestin. Pendant deux jours notre malheureux confrère vit sortir une grande quantité de matières par cette ouverture artificielle; une péritonite survint heureusement pour abréger cette terrible agonie.

« La lutte avait été longue et persévérante avant que STACKLER eût désespéré entièrement de sa guérison; avant d'y renoncer, il avait quitté son foyer domestique et ses enfants, pour se soumettre avec une patience et un courage admirables aux opérations les plus douloureuses.

« Il reconnut enfin l'inutilité de toutes ces tentatives par le redoublement de ses souffrances et la chute rapide de ses forces; et s'il se laissait encore aller quelquefois à des sentiments d'espérance, c'était pour adoucir le chagrin de sa chère compagne, de sa famille et de ses amis, qui l'entouraient de tant d'amour et de sollicitude.

« La résignation avec laquelle il assista à la lente décomposition de son corps était vraiment héroïque; il vit arriver la mort avec la digne fermeté du sage et la foi sublime du chrétien. L'assurance de revoir tous les siens avait retrempé son courage et grandi toutes les nobles qualités de son âme.

« En embrassant ses enfants quelques jours avant sa mort il savait qu'il ne devait plus les revoir ici-bas; il eut la force de leur sourire à leur départ, et ce n'est que lorsqu'ils furent partis qu'il laissa voir que son cœur avait fait le plus cruel sacrifice.

« Dans ses derniers entretiens avec l'ami si dévoué qui veillait à son chevet, il parlait avec la plus chaude affection de ses malades et de ses confrères, et de l'idéale beauté de notre profession.

« Sois bon, lui disait-il, envers les malades, et quelle « que soit ta position vis-à-vis d'eux, ne t'inspire jamais « que de leurs besoins ; le malade avant tout, son intérêt « est sacré, et arrière tout sentiment personnel, dans les « circonstances si solennelles, où sa vie est entre nos « mains. »

« C'étaient là ses recommandations suprêmes, et, ajoutait-il : « Ne pouvant plus leur être utile par mes conseils, « je voudrais que ces sentiments fussent la règle de tous « les médecins. »

« Pendant cette nuit si douloureuse qui termina son long martyre, il dit encore à son ami : « Je pars, dans « quelques moments j'aurai quitté cette terre, mais nous « nous reverrons. Je veux être enterré sans faste à Batten- « heim, près de ceux qui me sont chers, je te recommande « de veiller à ce soin. »

« Je n'ajouterai rien aux belles et touchantes paroles de cet ami si cher et si regretté dont la vie et la mort ont été également exemplaires[1]. »

---

[1] Je dois à l'obligeance de notre ami le docteur HERRGOTT ces renseignements relatifs à la dernière période de la vie de STACKLER.

www.ingramcontent.com/pod-product-compliance
Lightning Source LLC
LaVergne TN
LVHW050240060726
842525LV00007B/2762